Treasury of Polish Love

Treasury of
Polish Love

Poems, Quotations & Proverbs

In Polish and English

Edited and Translated by
Miroslaw Lipinski

HIPPOCRENE BOOKS
New York

All translations are the editor's, except for the following:

"Song of the Fourth Maiden" and "Song of the Tenth Maiden," translated by Marjorie Beatrice Peacock and G. R. Noyes. From *Poems* by Jan Kochanowski. Berkeley, California: University of California Press, 1928.

"To His Mistress," "Verses Written on the Seashore at Agrigentum in Sicily, 1784," "Sorrowful," "My Wish" (Zawistowska), "To Love and Lose," and "Love and Death," translated by Watson Kirkconnell. From *A Golden Treasury of Polish Lyrics*. Winnipeg, Canada: The Polish Press, Ltd., 1936.

Adam Mickiewicz verses on page 49, translated by Kenneth R. Mackenzie. From *Pan Tadeusz* by Adam Mickiewicz. New York: Hippocrene Books, 1992. Copyright © 1986 by The Polish Cultural Foundation.

"Ever and Everywhere" and "Fancy Flights," translated by Paul Soboleski. From *Poets and Poetry of Poland*. Edited by Paul Soboleski. Chicago: Knight & Leonard, Printers, 1883.

Stanislaw Jerzy Lec aphorisms on page 121, translated by Jacek Galazka. From *Unkempt Thoughts* by Stanislaw Jerzy Lec. New York: St. Martin's Press, 1962. Copyright © 1962 by Jacek Galazka.

COVER ILLUSTRATION: "The Farewell," by Artur Grottger, courtesy of the National Museum in Cracow

For information, address:
HIPPOCRENE BOOKS, INC.
171 Madison Avenue
New York, NY 10016

Printed in the United States of America

Contents

Treasury of
Polish Love

Do miłości

Matko skrzydlatych Miłości,
Szafarko trosk i radości.
Wsiądź na swój wóz uzłocony,
Białym łabęciom zwierzony!
Puść się z nieba w snadnym biegu,
A staw się na wiślnym brzegu,
Gdzie ku twej ćci ołtarz nowy
Stawię swą ręką darnowy.
Nie dam ci krwawej ofiary,
Bo co mają srogie dary
U boginiej dobrotliwej
Czynić i światu życzliwej?
Ale dam kadzidło wonne,
Które nam kraje postronne
Posyłają: dam i śliczne
Zioła w swych barwach rozliczne...

JAN KOCHANOWSKI (1530–1584)

To Love

Mother of winged love
Bestowing cares and joy from above,
Get on your chariot of gold,
Drawn by white swans manifold.
From heaven with grace downward soar
And place yourself at Vistula's shore,
Where to your honor fulfilled
A new altar of sod I will build.
I won't give you a bloody sacrifice
For that is too cruel a price
For a kind-hearted goddess like you
Who does her goodness all over strew.
But I will give you rich incense
Brought from lands of reverence
And herbs most beauteous,
Fragrant and varicolorous . . .

JAN KOCHANOWSKI (1530-1584)

Do dziewki

Nie uciekaj przede mną, dziewko urodziwa,
Z twoją rumianą twarzą moja broda siwa
Zgodzi się znamienicie; patrz, gdy wieniec wiją,
Że pospolicie sadzą przy różej leliją.

Nie uciekaj przede mną, dziewko urodziwa,
Serceć jeszcze niestare, chocia broda siwa;
Choć u mnie broda siwa, jeszczem niezganiony,
Czosnek ma głowę białą, a ogon zielony.

Nie uciekaj, ma rada; wszak wiesz: im kot starszy,
Tym, pospolicie mówią, ogon jego twarszy;
I dąb, choć mieśćy przeschnie, choć list na nim płowy,
Przedsię stoi potężnie, bo ma korzeń zdrowy.

O miłości

Próżno uciec, próżno się przed miłością schronić,
Bo jako lotny nie ma pieszego dogonić?

Do dziewki

A co wiedzieć, gdzie chodzisz, moja dziewko śliczna,
A mnie tymczasem trapi tęskność ustawiczna;
Jakoby słońce zaszło, kiedy nie masz ciebie,
A z tobą i w pół nocy zda się dzień na niebie.

JAN KOCHANOWSKI (1530–1584)

To a Fair Young Maid

Do not run away from me, fair young maid;
Your cheek of rose and my beard of grey
Will match most well, like the wreath they make
By putting the lily next to the rose for appearance sake.

Do not run away from me, fair young maid;
My heart is not yet old, though my beard is grey;
But even if grey, I'm still without fail:
Garlic has a white head, but a green tail.

Do not run away from me, is what I say; you well
Know, the older the cat, the harder the tail.
And an oak, though faded of leaf and dry,
Will, if root strong, stand tall and quite high.

Love

Useless and foolish to run and hide away from love,
For how can one flee on foot from Cupid flying above?

To a Maid

Where you are, pretty girl, I don't know;
Meanwhile I'm desperate and full of woe.
The sun always sets when you are not here,
While with you midnight is bright and clear.

JAN KOCHANOWSKI (1530-1584)

Panna IV

Komum ja kwiateczki rwała,
A ten wianek gotowała?
Tobie, miły, nie inszemu,
Któryś sam mił sercu memu.

Włóż na piękną głowę twoję
Tę rozkwitłą pracę moję;
A mnie samę na sercu miej,
Toż i o mnie sam rozumiej.

Żadna chwila ta nie była ,
Żebych cię z myśli spuściła;
I sen mię prace nie zbawi,
Śpię, a myślę, by na jawi.

Tę nadzieję mam o tobie,
Że mię też masz za co sobie:
Ani wzgardzisz chucią moją,
Ale mi ją oddasz swoją.

Tego zataić nie mogę,
Co mi w sercu czyni trwogę:
Wszytki tu wzrok ostry mają
I co piękne, dobrze znają.

Song of the Fourth Maiden

For whom have I, with tender care,
Prepared this wreath of blossoms fair?
For thee, my love, whom I adore
As ne'er I loved a lad before.

Entwine thy charming brow, I pray,
With this, my dainty garland gay,
And in thine heart my image hold,
While me alone thy thoughts enfold.

Each fleeting moment, day and night,
Thy memory doth my heart delight;
And so enshrined thou art, it seems,
I weave thee garlands in my dreams.

My hope, my life, rest all on thee,
That thou, in turn mayst care for me;
Ah sweet, scorn not my tender vow,
But with thy love my heart endow!

As thorns surround each fragrant rose,
Sad fears my loving heart enclose,
For all the other maidens here
Know what is beautiful and dear.

Prze Bóg, siostry, o to proszę,
Niech tej krzywdy nie odnoszę,
By mię która w to tknąć miała,
O com się ja utroskała.

O wszelką inszą szkodę
Łacno przyzwolę na zgodę;
Ale kto mię w miłość ruszy,
Wiecznie będzie krzyw mej duszy!

JAN KOCHANOWSKI (1530–1584)

Sisters, I pray—ah, hear my prayer!—
That I may not this sorrow bear,
To be thus cruelly harmed in this
On which I pin my hopes of bliss.

For any other grief or pain
You soon would my forgiveness gain,
But she who seeks my love to take
Of me a bitter foe will make!

JAN KOCHANOWSKI (1530-1584)

Panna X

Owa u ciebie, mój miły,
Me prośby ważne nie były;
Próznom ja łzy wylewała
I żałosnie narzekała.

Przedsięś ty w swą drogę jechał,
A mnieś, nieszczęsnej, zaniechał
W ciężkim żalu, w którym muszę
Wiecznie trapić moją duszę.

Bodaj wszystkich mąk skosztował,
Kto naprzód wojsko szykował
I wynalazł swoją głową
Strzelbę srogą, piorunową.

Jakie ludzkie głupie sprawy:
Szukać śmierci przez bój krwawy!
A ona i tak człowieczy
Upad ma na dobrej pieczy.

Przynamniej by mi w potrzebie
Wolno stanąć wedla ciebie;
Przywykłabych i ja zbroi,
Bodaj przepadł, kto się boi!

Song of the Tenth Maiden

And so, my love, thou wouldst not heed,
Though I with fervent prayer did plead;
In vain I shed my bitter tears
And mournfully bewailed my fears.

Yet heedless thou didst ride away
And leave me here unhappy, yea
In bitter sorrow, which must be
My soul's torment eternally.

May he who first called men to war
Endure grim tortures evermore;
And he as well whose fertile mind
Gave deadly firearms to mankind!

How stupidly in gruesome fight
Men seek for Death's eternal night,
When she, unsought, gives every man
No more than his allotted span!

But oh! if I were free to stand
By thee, amidst the warrior band,
I too would be in armor bright!
Death be to him who fears the fight!

Jednak ty tak chciej być śmiałym,
Jakoby się wrócił całym;
A nie daj umrzeć mnie smutnej,
W płaczu i w trosce okrutnej.

A wiarę, coś mi ślubował,
Pomni, abyś przy tym chowal;
Tę mi przynieś a sam siebie;
Dalej nie chcę nic od ciebie!

JAN KOCHANOWSKI (1530–1584)

Be thou so staunch and unafraid
That Death's grim glance thou mayst evade;
So may I not in sorrow die,
With blinding tears and tortured cry.

The vow of love which thou didst make
I pray that thou wilt ne'er forsake.
Bring it and thy sweet self to me;
No other gift I wish from thee!

JAN KOCHANOWSKI (1530-1584)

Do swoich oczu

Nieobyczajne oczy, czemu tam patrzycie,
    Skąd niebezpieczność i szkodę widzicie?
Ona na mię okowy nieznośne włożyła,
    Ona nieprzepłaconej swobody zbawiła,
Ona mi serce wzięła, przez które człek żywie,
    A kto serce postrada, ten umarł prawdziwie.
A tak, albo nie patrzcie w tamtą stronę więcej,
    Bo jeśli być nie może, albo się najprędzej
Postarajcie, żeby mi albo dała swoje,
    Albo żeby wróciła tamto serce moje,
Bo go jednak korzyści nic nie będzie miała,
    Jeśli nie weźmie k niemu zaraz mego ciała.

MALCHER PUDŁOWSKI (?-1588?)

Do tejże

Oczy twe nie są oczy, ale słońca jaśnie
    Świecące, w których blasku każdy rozum gaśnie;
Usta twe nie są usta, lecz koral rumiany,
    Których farbą każdy zmysł zostaje związany;
Piersi twe nie są piersi, lecz nieba surowy
    Kształt, który wolą naszę zabiera w okowy.
Tak oczy, usta, piersi, zmysł i wolą
    Blaskiem, farbą i kształtem ćmią, wiążą, niewolą.

JAN ANDRZEJ MORSZTYN (1621–1693)

To My Eyes

Naughty eyes, why do you look there
*   Where danger and harm both say beware?*
She chained me up most maliciously
*   Taking my priceless freedom away from me.*
She took my heart, which one can't deny,
*   And who loses his heart, truly does die.*
So don't look in her direction anymore
*   If true love's union cannot be, or*
Make her give her heart to replace mine;
*   Else let her return the heart she did confine.*
For it's completely useless and quite shoddy
*   To have my heart without my body.*

MALCHER PUDLOWSKI (? - 1588?)

To His Mistress

Your sweet eyes are not eyes, but radiance of the sun
*   Before whose dazzling light all reason is undone;*
Your sweet lips are not lips, but coral, soft and red,
*   That binds our every sense with bonds of crimson thread.*
Your breasts are not breasts, but shapes divinely bright
*   That capture our warm will in fetters of delight.*
Thus reason, sense and will are slaves to the behests
*   Of light and hue and form in eyes and lips and breasts.*

JAN ANDRZEJ MORSZTYN (1621-1693)

Do motyla

Lekko, motylu! Ogień to szkodliwy!
    Strzeż się tej świece i tej jasnej twarzy,
    W której się skrycie śmierć ozdobna żarzy,
    I nie bądź swego męczeństwa tak chciwy.

Sam się w grób kwapisz i w pogrzeb zdradliwy,
    Sam leziesz w trunnę i tak ci się marzy,
    Że cię to zbawi, co cię na śmierć sparzy.
    – Ach! Jużeś poległ, gachu nieszczęśliwy!

Aleś w tym szczęśliw, że z pocałowaniem
    I dokazawszy zawziętej rozpusty
    Z twoją kochaną rozstałeś się świecą.

O! Gdybyż wolno równym powołaniem
    Dla tej, której się ognie we mnie niecą,
    Umrzeć, złożywszy pierwej usta z usty!

JAN ANDRZEJ MORSZTYN (1621–1693)

To a Butterfly

Beware, butterfly! There is danger in fire!
    Watch out for the candle and that bright face,
    In which death glows in ornamental grace,
    And your torments do not so readily acquire.

You hurry to your own death, one most treacherous,
    You make your own end, as your dreams are filled
    Of securing salvation by what will have you killed.
    —Ah, poor suitor, you've already perished thus!

But in this you achieved your pleasure's end
    And are happy and suffer no remiss —
    For you parted company with your loved light.

Oh! If I could also similarly for her extend,
    She who burns my heart, dazzles my sight,
    And die after giving her a first and final kiss!

JAN ANDRZEJ MORSZTYN (1621-1693)

Niegłupia

"Kiedy się lepiej zalecać – doktora
　　Pytała panna – z rana czy z wieczora?"
Doktor powiada: "Lepiej to osłodzi
　　Wieczór, lecz zdrowiu nie tak rano szkodzi."
"Uczynię – mówi – według twego zdania:
　　Wieczór dla smaku, dla zdrowia z zarania."

Do Walka

Sam osobliwe stroje, sam masz dwory,
　　Sam masz dochody, sam nabite wory,
Sam stawy, stada, zwierzyńce i gaje,
　　Niepospolite sam masz obyczaje
Sam i naukę od inszych zakrytą –
　　Żonę tylko masz z nami pospolitą.

JAN ANDRZEJ MORSZTYN (1621–1693)

A Smart Maid

"When is the best time to be courted," a girl asked a doctor,
        "in the morn or the evening?"
And the doctor answered: "It will make the evening sweeter,
        but in the morning it's not bad for the health."
"I will do as you say," she replied; "in the evening
        for taste, in the morning for health."

To Walek

You have your clothes to yourself, your estates too,
        And your profits and bags full of money are all
                meant for you;
You have ponds, herds, gardens and groves to admire as
    your own,
        And exceptional manners and high morals are
                solely yours to be sown;
You alone possess great knowledge hidden from public
    view,
        Only your wife has been shared with at least a
                dozen or two.

JAN ANDRZEJ MORSZTYN (1621-1693)

Zła niewiasta

Zła niewiasta wad diabła gorsza piekielnego,
Bo ów tylko złych męczy, ta zaś i dobrego.

STANISŁAW SERAFIN JAGODYŃSKI (1590?–1644?)

Małżeństwo

Równe ma być małżeństwo i wtenczas się zgodzi,
   Kiedy nie podle, ale mąż przed żoną chodzi,
Czego nas w łóżku samo przyrodzenie uczy.
   Lecz nie wiem, czemu logik na tę równość mruczy,
Bom nie słychał, jako żyw, o takowej zgodzie,
   Kiedy jedno na wierzchu, a drugie na spodzie.

WACŁAW POTOCKI (1621–1696)

Do jednej

"Czemu to, pani, dajesz tę rzecz niejednemu,
Której ślubiłaś nie dać, krom męża, żadnemu?"
"Dawna moda, a zwłaszcza dworska, tego uczy:
Nie wadzi mieć do jednej kłódki kilka kluczy."

JAKUB TEODOR TREMBECKI (1643–1719)

A Bad Woman

A bad woman is worse than the devil in hell,
He only tortures sinners, she the good as well.

STANISLAW SERAFIN JAGODYNSKI (1590?-1644?)

Marriage

A marriage will be equal and free of strife
If a husband won't be led around by his wife,
Which nature clearly teaches in love's activity.
But I don't know what wit muttered of equality
For, as I live, I never heard of such a thing being so
When one partner has to be on top, and the other below.

WACLAW POTOCKI (1621-1696)

To One Lady

"Why, dear lady, do you give yourself away to others
When you vowed that only your husband you would please?"
"An old fashion, favored of the court, says:
It doesn't hurt for one lock to have several keys."

JAKUB TEODOR TREMBECKI (1643-1719)

Na białegłowy

Płeć żeńska zawsze szkodzi męskiej, przyznać muszę.
Dla niej Adam wprzód żebro stracił, potem duszę.

Minister luterski

Chcesz, ministrze, by było na garło sądzone
Cudzołostwo? Niegłupiś! Bo masz gładką żonę.

Sukcesja białogłowska

Parę jabłek od Ewy, zdobycz z raju swoje,
    Panny w zanadrzu noszą dziś na żałość moje,
Której skoro się ręka dotknie, Adamowy
    Wąż, pomsta grzechu, swej podnosi głowy.

JAKUB TEODOR TREMBECKI (1643–1719)

Małżeństwo

Chwałaż Bogu! Widziałem małżeństwo niemodne,
Stadło wielce szczęśliwe, uprzejme i zgodne;
Stateczna była miłość z podziwieniem wielu –
To szkoda, że mąż umarł w tydzień po weselu!

IGNACY KRASICKI (1735–1801)

The Fair Sex

The female sex is always harmful to the male, I must admit.
For a woman, Adam first lost his rib, then his soul followed
    forthwith.

A Lutheran Minister

So you demand the rope for any who commit the adultery sin?
Ah, you are no fool, minister, for your wife has silky smooth skin.

A Woman's Inheritance

A pair of apples gotten from Eve's tree
    Ladies, to my grief, on their bosoms carry,
And just as soon as hands there do tread,
    Adam's snake, sin's curse, raises his head.

JAKUB TEODOR TREMBECKI (1643-1719)

A Perfect Marriage

Thank God! I saw a marriage old-fashioned and rare,
A couple very happy, full of kindness and of care.
A gentle love it was, the wonder of many already a'beding;
Too bad that the husband died a week after the wedding!

IGNACY KRASICKI (1735-1801)

Przypomnienie dawnej miłości

Potok płynie doliną,
Nad potokiem jawory:
Tam ja z tobą, Justyno,
Słodkie pędził wieczory.

Noc się krótką zdawała,
Żegnamy się świtaniem:
Miłość sen nam zabrała:
Miłość żyje niespaniem.

Nikt nie widział, nie szydził,
Niebo świadek jedyny.
Jam się nieba nie wstydził,
Miłość była bez winy.

Raz się chmura zerwała,
Piorun skruszył dębinę:
Tyś mnie drżąca ściskała
Mówiąc: "sama nie zginę".

Oto przy tym strumieniu,
Oto przy tej jabłoni
Wieleż razy w pragnieniu
Wodę piłem z jej dłoni?

A Memory of a Young Love

The stream flows in the valley,
Above the stream sycamores screen;
And it was there I spent
Sweet evenings with you, my Justine.

The night seemed so short,
We parted at dawn's first light;
Love took our sleep away,
For love needs no sleep at night.

No one saw, no one scoffed,
Only the sky was our witness above;
I was not ashamed before the sky,
For without fault was our love.

Once a thunderous storm broke,
Laying the oak-tree prone;
Trembling, you held onto me,
Crying: "I won't die alone!"

Here by this valley's stream,
Here by this apple tree,
How many times I drank desirously
Water presented from your hand to me?

Dziś, kiedy nas w swym gniewie
Los rozdzielił opaczny,
Znaki nasze na drzewie
Popsuł pasterz niebaczny.

I ślady się zmazały,
Las zarasta krzewiną!
Potok, drzewa zostały:
Ciebie nie masz, Justyno!

FRANCISZEK KARPIŃSKI (1741–1825)

Today, when in its anger,
We are separated by a wrong fate,
Our marks on the tree
A rash shepherd did desecrate.

Our tracks have been wiped away;
Thickets mar the scene.
The stream, the trees have remained;
But you are not here, my Justine!

FRANCISZEK KARPINSKI (1741-1825)

Żona

Tyle mą żonę przed ślubem kochałem,
Że ją z miłości żywą połknąć chciałem;
Dziś, gdy mi chwile tak z nią nudno biegą,
Szczerze żałuję, żem nie zrobił tego.

ANONIMOWY

Miłość

I uchodzi miłość, i znowu przychodzi,
Jak morze. Nie dziw, bo się Wenus z morza rodzi.

Całość życia

By nie łzy hojne z mych oczu ciekły,
    Dawno bym od ogniów spłonął;
I by nie ognie znowu mnie piekły,
    Dawno bym we łzach utonął.

Ogniem i łzami na przemian smutnie
    Żywot się dla mnie ocali.
Miłość, jak widzę, lat mi nie utnie;
    Inszy los chyba je zwali.

FRANCISZEK DIONIZY KNIAŹNIN (1750–1807)

A Wife

So much did I love my wife before we tied the knot
That I could have eaten her up right on the spot;
Now when the days go by without even a kiss,
I regret most sincerely that I had not done this.

ANONYMOUS

Love

Love comes and goes like the sea's tides;
No wonder, since Venus does out of waters rise.

The Sum of Life

If I did not weep so profusely,
*   Love's fires would have consumed me long ago;*
And if those fires had not burned me,
*   Drowned I'd be in all those tears that did flow.*

In turn arrived those fires and tears
*   To save me in a sorrowful way.*
Love, as I see, will not cut short my years;
*   Another fate will be at play.*

FRANCISZEK DIONIZY KNIAZNIN (1750-1807)

Rozkoszy skutek

Słodko nas miłość łechce z początku,
Póki nie dójdzie do swego szczątku;
I im kto bardziej kwapić się zechce,
       Tym bardziej łechce.

Ale, cóż po tym, gdy ta jej sprawa
Żałosny wrychle koniec podawa,
A po słodyczach, przy swoim kresie,
       Gorżkości niesie?

Z weselem Wenus nam się nawija,
Ale na smutku jej radość mija:
Przychodzi do nas z rozkoszą chutnie,
       Odchodzi smutnie.

Tak bystry potok rzecznej powodzi,
Gdy więc ze swego źrzodła wychodzi,
Słodki nurt toczy, nim się ochynie
       W morskiej głębinie.

Skoro ją słony ocean zgarnie,
Zatraci w onym swój zawod marnie;
I dokąd rzeka z pośpiechem wpada,
       Tam słodycz strada.

FRANCISZEK DIONIZY KNIAŹNIN (1750–1807)

Love's Outcome

Love, a sweet siren lure in the beginning,
Until one hears its death knell ringing.
The more one is eager to hear its voice,
            the less one has any choice.

But what good is it if, after all,
It quickly descends in a pitiful fall,
And if after sweetness, at its conclusion,
            there follows bitterness in such profusion?

With what joy we come upon Venus,
But with sadness, her bliss definitely leaves us.
She comes with wonderful, lustful pleasures,
            but departs taking all her treasures.

Thus the rapid brook of a river inundated,
When it leaves behind the source from which it was
    created,
Flows in a sweet current before it disappears,
            in the sea's deep eternal years.

As soon as the salty ocean takes it in,
It'll lose itself and place of origin;
Wherever a river flows out with quick speed
            there it loses its tasty sweet mead.

FRANCISZEK DIONIZY KNIAZNIN (1750-1807)

Wiersze napisane na brzegu morskim przy Arygencie w Sycylii 1784

Na tym samotnym brzegu odległego morza,
Egle! ze łzami piszę imię twe kochane:
Lecz nim zejdzie różami uwieńczona zorza,
Zetrą je w swym zapędzie wody rozhukane.
Pisałem je na piasku, pisałem na drzewie,
Te mech zakrył, tamte wiatr zdmuchnął w swym
                                         powiewie
Egle! te tylko znaki nigdy nic nie wzruszy,
Któreś ognistym grotem wyryła w mej duszy.

JULIAN URSYN NIEMCEWICZ (1758–1841)

Do Fani, 1816

Piękna Fani, co lepiej, osądzić nie zdolnym,
Czy być twym niewolnikiem, czyli zostać wolnym?
Gdy człek bez towarzyszki, nudna to swoboda,
I nudno, gdy pod rządy kobiety się podda.

Do pewnej piękności

Boże! niedskończone to dzieło twej ręki,
Albo daj lepsze serce, albo odbierz wdzięki!

ANTONI GORECKI (1787–1861)

Verses Written on the Seashore at Agrigentum in Sicily, 1784

Upon this lonely margin of a far-off sea,
Behold! With tears I trace thy well-beloved name;
With it, the dawn comes, crown'd with roses, back to me,
But wild waves wash the record out, erase thy fame.
I carved it on a tree-trunk, wrote it on the sand;
But moss soon marr'd it here, and there the tempest's
 hand.
Only one signature shall never more depart —
'Tis that which love's red brand has burn'd into my heart.

JULIAN URSYN NIEMCEWICZ (1758-1841)

To Fanny, 1816

Beautiful Fanny, I don't know what choice to make,
To be your prisoner, or remain free for freedom's sake.
Without a dear girl, life's as dreary as can be,
While to be under a woman's thumb is dreary to me.

To a Certain Beauty

Dear God! your work is not yet done
Either give her a heart, or take away her charm!

ANTONI GORECKI (1787-1861)

Rozmowa

Kochanko moja! na co nam rozmowa?
Czemu, chcąc z tobą uczucia podzielać,
Nie mogę duszy prosto w duszę przelać?
Za co ją trzeba rozdrabiać na słowa,
Które nim słuch twój i serce doścignę,
W ustach wietrzeją, na powietrzu stygną?

Kocham, ach! kocham, po sto razy wołam,
A ty się smucisz i zaczynasz gniewać,
Że ja kochania mojego nie zdołam
Dosyć wymówić, wyrazić, wyśpiewać;
I jak w letargu, nie widzę sposobu
Wydać znak życia, bym uniknął grobu.

Strudziłem usta daremnym użyciem,
Teraz je z twymi chcę stopić ustami,
I chcę rozmawiać tylko serca biciem,
I westchnieniami, i całowaniami,
I tak rozmawiać godziny, dni, lata,
Do końca świata i po końcu świata.

ADAM MICKIEWICZ (1798–1855)

Conversation

My love! what need we have of talk?
Why when I want my feelings to share,
I can't just let my soul to yours declare!
Why must it be crumbled to words
Which before they reach your ears and your heart
Will wither on my lips, and in the air fall apart?

I love you—a hundred times I keep on saying,
But you grieve and start to sting,
Complaining that my love I'm not able
To completely say, state, sing;
And in this weary state I have no doubt
I can't give a sign of life before I give out.

I've tired my lips with such vain misuse;
Now I want to join them to yours in amor's abysses,
And our talk to be only with beating hearts—
And passioned sighs and kisses.
And for hours, days, years thus converse
To the end of this world, and the universe.

ADAM MICKIEWICZ (1798-1855)

Dobranoc

Dobranoc! Już dziś więcej nie będziem bawili,
Niech snu anioł modremi skrzydły cię otoczy.
Dobranoc! Niech odpoczną po łzach twoje oczy.
Dobranoc! Niech się serce pokojem zasili.

Dobranoc!... Z każdej ze mną przemówionej chwili,
Niech zostanie dźwięk jakiś cichy i uroczy,
Niechaj gra w twojem uchu; a gdy myśl zamroczy,
Niech się mój obraz sennym źrenicom przymili.

Dobranoc! Obróć jeszcze raz na mnie oczęta,
Pozwól lica... Dobranoc! Chcesz na sługi klasnąć.
Daj mi pierś ucałować... Dobranoc! zapięta.

– Dobranoc! Już uciekłaś, i drzwi chcesz zatrzasnąć.
Dobranoc ci przez klamkę. Niestety! zamknięta.
Powtarzając: dobranoc! nie dałbym ci zasnąć.

ADAM MICKIEWICZ (1798–1855)

Good-Night

Good-night! No more can we play today,
Let the sleep angel enfold you in its blue-winged nest.
Good-night! Let your eyes from tears take rest.
Good-night! Let your heart in peace proudly lay.

Good-night! Of every moment talking that we spent
Let some gentle and delightful sound have resonance.
And when your thoughts soften in sleep's trance
Let my image be to your pupils most evident.

Good-night! Turn you eyes to me once more,
And your cheek — Don't call the servants and fume!
Let me kiss your breasts — No! — But I implore!

Good-night! You've run away to your chamber-room.
Then good-night through the keyhole of a locked door.
You'd never sleep if my good-nights I did resume!

ADAM MICKIEWICZ (1798-1855)

Niepewność

Gdy cię nie widzę, nie wzdycham, nie płaczę,
Nie tracę zmysłów, kiedy cię zobaczę;
Jednakże gdy cię długo nie oglądam,
Czegoś mi braknie, kogoś widzieć żądam
I tęskniąc sobie zadaję pytanie:
Czy to jest przyjaźń? czy to jest kochanie?

Gdy z oczu znikniesz, nie mogę ni razu
W myśli twojego odnowić obrazu;
Jednakże nieraz czuję mimo chęci,
Że on jest zawsze blisko mej pamięci.
I znowu sobie powtarzam pytanie:
Czy to jest przyjaźń? czy to jest kochanie?

Cierpiałem nieraz, nie myślałem wcale,
Abym przed tobą szedł wylewać żale;
Idąc bez celu, nie pilnując drogi,
Sam nie pojmuję, jak w twe zajdę progi;
I wchodząc sobie zadaję pytanie:
Co tu mię wiodło? przyjaźń? czy kochanie?

Dla twego zdrowia życia bym nie skąpił,
Po twą spokojność do piekieł bym zstąpił:
Choć śmiałej żądzy nie ma w sercu mojem,

Uncertainty

When I don't see you, I do not sigh nor cry,
My faculties and senses do not go awry;
Yet when you are not here for an hour or two,
Someone seems missing, and that someone is you.
And the heart below asks the mind above:
Is this friendship, or is this love?

When you are away, I cannot picture
How exactly formed is your face and figure;
Yet, despite myself, and to a great degree,
You always seem so dear to my memory.
And again the heart below asks the mind above:
Is this friendship, or is this love?

I've never considered, though I've suffered much,
Laying down my weary head for your calming touch;
Without aim or purpose, I walk and I roam,
Not understanding, how I arrive at your home;
And when I enter, the heart below asks the mind above:
Is this friendship, or is this love?

I'd spare my life for yours to be well;
For your peace of mind I'd descend even to hell;
Yet I have no sense of duty which is decreeing

Bym był dla ciebie zdrowiem i pokojem.
I znowu sobie powtarzam pytanie:
Czy to jest przyjaźń? czy to jest kochanie?

Kiedy położysz rękę na me dłonie,
Luba mię jakaś spokojność owionie,
Zda się, że lekkim snem zakończę życie;
Lecz mnie przebudza zawsze serca bicie,
Które mi głośno zadaje pytanie:
Czy to jest przyjaźń? czy to jest kochanie?

Kiedym dla ciebie tę piosenkę składał,
Wieszczy duch mymi ustami nie władał;
Pełen zdziwienia, sam się nie postrzegłem,
Skąd wziąłem myśli, jak na rymy wbiegłem;
I zapisałem na końcu pytanie:
Co mię natchnęło? przyjaźń czy kochanie?

ADAM MICKIEWICZ (1798–1855)

I must be your peace of mind or your well-being.
And again the heart below asks the mind above:
Is this friendship, or is this love?

When you put your warm hand into mine,
A peace fills me that's sweet and divine.
In such a state from this world I'd like to go,
But I'm always awakened by the beating heart below
Which poundingly asks the mind above:
Is this friendship, or is this love?

While I was writing this song for you,
The poet's muse did not sway and woo.
Full of amazement, I did not see
How these thoughts and rhymes came to be.
And at the end I wrote to the mind above:
What inspired me—friendship or love?

ADAM MICKIEWICZ (1798-1855)

♦

Bo serce nie jest sługa, nie zna, co to pany,
I nie da się przemocą okuwać w kajdany.

Lecz młodzież o piękności metrykę nie pyta,
Bo młodzieńcowi młodą jest każda kobieta,
Chłopcowi każda piękność zda się rówiennicą,
A niewinnemu każda kochanka dziewicą.

♦

Mężczyźni, póki młodzi, chociaż w myślach zmienni,
W uczuciach są od dziadów stalsi, bo sumienni.
Długo serce młodzieńca proste i dziewicze
Chowa wdzięczność za pierwsze miłości słodycze!
Ono rozkosz i wita, i żegna z weselem,
Jak skromną ucztę, którą dzielim z przyjacielem.
Tylko stary pjanica, gdy już spali trzewa,
Brzydzi się trunkiem, którym nazbyt się zalewa.

ADAM MICKIEWICZ (1798–1855)

◆

The heart's no slave and follows its own course,
And will not let itself be dragged by force.

... [Y]outh does not a woman's age inquire,
And every woman's young to youth's desire,
Each charmer is a young man's peer in years
And to his innocence a maid appears.

◆

...[T]hough a young man's thoughts for change are ready,
Conscience contrives to keep his feelings steady.
The heart of youth's ingenuous and pure,
And for the sweets of love its thanks endure.
It welcomes joy nor much regrets the end
Like the temperate repasts shared with a friend.
Only the drunkard, burned by fires within,
Detests the very drink he wallows in.

ADAM MICKIEWICZ (1798-1855)

Gdzie lubi

Strumyk lubi w dolinie,
Sarna lubi w gęstwinie,
W gaju lubi ptaszyna;
Lecz dziewczyna... Dziewczyna
Lubi, gdzie niebieskie oko,
Lubi i gdzie czarne oko.
Lubi, gdzie wesołe pieśni,
Lubi i gdzie smutne pieśni;
Sama nie wie, gdzie lubi,
Wszędzie serce zgubi.

Życzenie

Gdybym ja była słoneczkiem na niebie,
Nie świeciłabym, jak tylko dla ciebie.
Ani na wody, ani na lasy:
Ale przez wszystkie czasy
Pod twym okienkiem i tylko dla ciebie,
Gdybym w słoneczko mogła zmienić siebie.

Gdybym ja była ptaszkiem z tego gaju,
Nigdzie bym, w żadnym nie śpiewała kraju,
Ani na wody, ani na lasy:
Ale przez wszystkie czasy
Pod twym okienkiem i tylko dla ciebie...
Czemuż nie mogę w ptaszka zmienić siebie!

STEFAN WITWICKI (1802–1847)

Her Favorite Place

A stream likes a valley,
A deer likes wood's privacy,
A bird likes a grove's air,
But a girl likes to be where—
There are blue eyes;
There are dark eyes;
There are sad songs;
There are happy songs.
She really doesn't know nor care,
She'll lose her heart anywhere.

My Wish

If I were the sun in a sky of blue
I would only shine on for you.
Not above the river, nor the tree
But rather for all eternity
At your window and only for you
If I could into a sun be born anew!

If I were a bird from that grove most grand
I would sing in no other land.
Not above the river, nor the tree
But rather for all eternity
At your window and only for you—
Why can't I into a bird be born anew!

STEFAN WITWICKI (1802-1847)

Sonet

Już północ – cień ponury pół świata okrywa,
A jeszcze serce zmysłom spoczynku nie daje,
Myśl za minionym szczęściem gonić nie przestaje,
Westchnienie po westchnieniu z piersi się wyrywa.

A choć znużone ciało we śnie odpoczywa,
To myśl znów ulatuje w snów i marzeń kraje,
Goni za marą, której szczęściu nie dostaje,
A dusza przez sen nawet drugiej duszy wzywa.

Jest kwiat, co się otwiera pośród nocy cienia,
I spogląda na księżyc, i miłe tchnie wonie,
Aż póki nie obaczy jutrzenki promienia.

Jest serce, co się kryjąc w zakrwawionym łonie,
W nocy tylko oddycha, w nocy we łzach tonie,
A w dzień pilnie ukrywa głębokie cierpienia.

JULIUSZ SŁOWACKI (1809–1849)

Sonnet

It's midnight—half the world is covered in shadow,
But still the heart stirs and provides no rest,
Thoughts of a bygone love wring and wrest,
As pained sighs after new sighs continually flow.

And though the weary body lies in calming sleep,
Thoughts take wing in the land of dreams,
Chasing visions of joy never gotten, it seems,
As one soul calls to another even in silence deep.

There is a flower which opens up in shadowy night,
And gazes at the moon, and sweetens the air,
Till it's touched by the beams of morning light.

There is a heart—in wounded breast taking flight;
Only at night does it breathe in teary despair,
Till it softly covers its desires from day's pitiless glare.

JULIUSZ SLOWACKI (1809-1849)

Sonet

Czyliż kto duszy mojej wrócić szczęście zdoła?
Czyliż kiedy z łez gorzkich oschnie ma źrenica?
Ta, którą tak kochałem, anielska dziewica
Litością już nie spędzi smutków z mego czoła.

Może kiedyś na łonie innego anioła
Czoło moje rozjaśni szczęścia błyskawica;
Lecz szczęście to nie potrwa! znów ściemnieją lica,
A serce chwil przeszłości z rozpaczą zawoła.

Choć róża raz na wiosnę kwitnie i opada,
Zdarza się, że w jesieni znowu się rozwija,
Lecz wtenczas taka wątła, wysilona, blada.

Tak choć szczęście nie wraca, gdy raz człeka mija,
Czasem przed zgonem uśmiech na licu osiada,
Ale i w tym uśmiechu już się śmierć przebija.

JULIUSZ SŁOWACKI (1809–1849)

Sonnet

Will anyone return to me my happiness now?
Will ever my eyes be dry from the bitter tear?
Nevermore will the sweet angel I loved appear
To soothingly wipe away sorrows from my brow.

Perhaps one day, resting on another angel's bosom
My cares will be brightened ably and fast;
But my face will darken, as that happiness can't last,
And my heart will yearn for those days frolicsome.

Though a rose blooms and falls once in spring,
It happens that it blossoms again in autumn dim;
But then it's pale, limp—bereft of everything.

So happiness never returns once it's had its whim;
But sometimes, before the end, a smile does bring
To lips a feeble disguise as they hum death's hymn.

JULIUSZ SLOWACKI (1809-1849)

Zawsze i wszędzie

O, nie mów o mnie, gdy mnie już nie będzie,
Że ciebie tylko goryczą zraniłem,
Bo ja goryczy kielich także piłem
　　　　Zawsze i wszędzie!

O, nie mów o mnie, gdy mnie już nie będzie,
Że tobie tylko los życia przepsułem,
Bo własną dolę sam także zatrułem
　　　　Zawsze i wszędzie!

Ale mów o mnie, gdy mnie już nie będzie,
Że Bóg jest dobry, że mnie schował w grobie,
Bo byłem sobie nieszczęsny i tobie
　　　　Zawsze i wszędzie!

Ale mów o mnie, gdy mnie już nie będzie,
Żem żył na świecie dzikim serca szałem,
Bo z serca ciebie, choć gorzko, kochałem
　　　　Zawsze i wszędzie!

ZYGMUNT KRASIŃSKI (1812–1859)

Ever and Everywhere

Say not of me when I am in my grave,
I only wounded where I should forbear;
'Twas that I drank from sorrow's bitter wave,
           Ever and everywhere.

Say not of me calm-voiced when I am gone
That I have marred your life that else was fair;
I walked with sunshine from my own withdrawn,
           Ever and everywhere.

Say not of me as colder hearts would say
When I am dead, that life had proved a snare
Because misfortune followed on my way,
           Ever and everywhere.

When I am gone, then kindly speak of me,
Say that my heart was frenzied by despair;
I loved thee from my soul, if bitterly,
           Ever and everywhere.

ZYGMUNT KRASINSKI (1812-1859)

Circulus vitiozus
(Krakowiak na dwa głosy)

On. Wezmę świecę, i latarnię i głownię z komina,
     Pójdę szukać, czy jest w świecie poczciwa
                                    dziewczyna.

Ona. Wezmę księżyc, wezmę gwiazdy, wezmę jasne
                                    słońce,
     Może znajdę w którym chłopcu serce
                                    kochające.

On. Toć szukałem, i patrzyłem i wiem teraz o tem,
     Że nie znajdzie najpoczciwszej, kto nie brzęknie
                                    złotem.

Ona. Toć patrzyłam, i świeciłam i dojrzałam tego,
     Że z nich każdy bardzo kocha, lecz... siebie
                                    samego.

On. Już znalazłem najpoczciwszą, znalazłem
                                    kochaną,
     Piękną, cichą, ale w sklepie... lalkę malowaną.

Ona. Już znalazłam choć jednego, już znalazłam
                                    przecie,
     Piękny, dzielny wojak młody... na starym
                                    portrecie.

On. Niechaj lalka malowana tkliwsze zwróci oczy,
     To może wojak z portretu na konika skoczy.

Ona. Niechaj wojak malowany dosiędzie bachmata,
     Może w lalce malowanej serce zakołata.

GABRYELLA (1819–1876)

Fancy Flights

He.   I'll take a candle, lantern, and a burning brand,
      To search if there's an honest girl in the land.

She. I'll take the moon, the stars—I'll take the bright sun,
      To find a man with loving heart—perhaps there's one.

He.   I have looked, I have searched, till convinced in the matter,
      To find a good girl man must shake his gold at her.

She. I've looked with persistence, and it's plain to be seen
      That men can love deeply—love themselves, I mean.

He.   I have found one very honest—one I could adore;
      Quiet and pretty—a painted doll in a store.

She. After much painstaking I've found the one I thought,
      A handsome, merry warrior, but on a canvas wrought.

He.   Just let the painted doll show feeling in her eyes,
      The warrior might to horseback from canvas arise.

She. If the young warrior on the horseback sat
      He might find the painted doll's heart went pit-a-pat.

GABRYELLA (1819-1876)

Starsza siostra
znacznie młodszej siostrzyczce

Czy chcesz, siostrzyczko, by na życia drodze
Jaśniej twym myślom, a lżej twojej nodze
     Wśród cierni było i głogu?
Chcesz?... Ja ci podam dwa środki zbawienia,
Na wszystkie troski, na wszystkie zwątpienia,
Pierwszy – nie dziwuj się Bogu,
Nie dziwuj, chociaż zawsze na tej ziemi
Złych widzieć będziesz górą nad dobremi –
A drugi środek: o siostrzyczko mała,
Od ukochanych nie żądaj, by dali
Równy dar serca i tak cię kochali,
     Jakeś ty ich ukochała.

GABRYELLA (1819–1876)

Advice to a Younger Sister

Do you want, little sister, the road of life
To be happy of thought and free of strife
     Amid the darkness and the thorny days?
Do you? . . . Then two thoughts to help you to cope
During times of worries, during times without hope.
The first is not to wonder at God's ways,
Not to wonder when you see
The bad triumph, the good flee.
The second thought to contentedly live,
Is not to expect of those you care for,
The same equal measure or ardor,
     Of the love that you give.

GABRYELLA (1819-1876)

Między nami nic nie było

Miedzy nami nic nie było!
Żadnych zwierzeń, wyznań żadnych.
Nic nas z sobą nie łączyło –
Prócz wiosennych marzeń zdradnych;

Prócz tych woni, barw i blasków
Unoszących się w przestrzeni,
Prócz szumiących śpiewem lasków
I tej świeżej łąk zieleni!

Prócz tych kaskad i potoków
Zraszających każdy parów,
Prócz girlandy tęcz, obłoków,
Prócz natury slodkich czarów;

Prócz tych wspólnych, jasnych zdrojów,
Z których serce zachwyt piło,
Prócz pierwiosnków i powojów
Między nami nic nie było!

ADAM ASNYK (1838–1897)

There Was Nothing Ever Between Us...

There was nothing ever between us!
No secrets, no confessional themes;
Nothing ever connected us
Aside from spring's betraying dreams.

Aside from those scents and colors
That wafted in the open air,
Aside from groves murmuring with song
And that meadow fresh and fair.

Aside from those cascades and streams
Sprinkling fine, free mists.
Aside from rainbow garlands and clouds,
Aside from nature's charming trysts.

Aside from those clear, life-giving springs
From which our hearts drank rapturous,
Aside from primroses and morning-glories
There was nothing ever between us!

ADAM ASNYK (1838-1897)

Pieśń majowa

Już słowik w bzów krzaku
Zanucił pieśń swą,
O śpiewaj mi, ptaku,
Ja słucham cię z łzą...

Pamiętam ja wiosnę,
Oj, śmiał się też maj –
I serce radosne
Znalazło swój raj.

W tej dobie minionej
Jam wierzył i śnił,
W świat biegłem szalony,
Bom kochał i żył...

Słowiku w bzów krzaku
Nie milknijże już,
Na życia dziś szlaku
Tak mało mam róż...

MIRON (1839–1895)

A May Song

The nightingale on the lilac
Has started to sing so near.
Oh, sing on, my bird,
As I listen with a tear . . .

I remember spring
And how May smiled back when,
And how my happy heart
Found its paradise then.

During those days
Believe and dream I did
Of life's maddening rush,
For I loved and I lived . . .

Nightingale on the lilac
Do not stop your sweet song,
For I've been without May's flowers
Oh, far far too long! . . .

MIRON (1841-1895)

Tęskna

Z nastaniem wiosny zakwitł bez;
Czekałam cię stęskniona,
W oczach mi drżały krople łez,
Serce się rwało z łona!

Lecz czas wszystkiemu znaczy kres,
I wiosna uleciała...
Nie było cię – przekwitnął bez,
Tęsknota pozostała.

Ja śniłam znów, że róży woń
Przynęty ma niezłomne,
Że o twą pierś mą oprę skroń
I tęsknic mych zapomnę.

Lecz przekwitł jaśmin – bledną już
Szkarłaty róż jaskrawsze...
Nie było cię w godzinie róż,
Ja kocham, tęsknię zawsze.

Sorrowful

With spring, the lilac bore its flowers;
I waited for you waking;
My eyes were full of trembling tears,
And how my heart was breaking!

But time to all things gives an end:
To spring, and lilac-blossom . . .
And still you did not come to me,
And sorrow fill'd my bosom.

I dreamt anew the fragrant rose
Would draw you home tomorrow;
That I might rest upon your breast
And so forget my sorrow.

The summer's jasmine ceased to bloom,
The scarlet rose soon faded . . .
You came not with the rose to bless
A heart with grief pervaded.

I przyjdzie jesień, zżółknie liść,
Wiatr jęknie, kwiaty posną;
Czyliżbyś wówczas ty miał przyjść,
Jeśliś nie przyszedł wiosną?

Na ziemię zimny padnie szron
I resztki życia zwarzy;
Lecz serce me, choć bliski skon,
O tobie zawsze marzy.

ZOFIA TRZESZCZKOWSKA (1847–1911)

Then autumn brought the yellow leaf
And wild winds on the wing;
But still forgot, I saw you not
In autumn, as in spring.

Cold, killing frosts invest the earth,
And life's brief year is through;
But O my dear, though death is near,
My heart still dreams of you!

ZOFIA TRZESZCZKOWSKA (1847-1911)

Preludium

Nie kocham jeszcze, a już mi jest drogi,
Nie kocham jeszcze, a już drżę i płonę
I duszę pełną o niego mam trwogi
I myśli moje już tam, w jego progi
Lecą stęsknione...
I ponad dachem jego się trzepocą
Miesięczną nocą...

Nie kocham jeszcze, a ranki już moje
O snach mych dziwnie wstają zadumane,
Już chodzą za mną jakieś niepokoje,
Już czegoś pragnę i czegoś się boję
W noce niespane...
I już na ustach ślad noszę płomienia
Jego imienia.

Nie kocham jeszcze, a już mi się zdaje,
Że nam gdzieś lecieć, rozpłynąć się trzeba,
W jakieś czarowne dziedziny i kraje...
Już mi się marzą słowicze wyraje
Do tego nieba,
Które gdzieś czeka, aż nas ukołysze
W błękitną ciszę.

MARIA KONOPNICKA (1842–1910)

Prelude

I do not yet love him, but already he is dear to me;
I do not yet love him, but already I tremble and blush
And my heart is full of anxiety
And my thoughts to him flee
In a yearning rush . . .
And they flutter about his roof left, right
On a moonlit night . . .

I do not yet love him, but already my morning
Is filled with dream's musing heights;
Already I feel about me a forewarning,
Already I desire, and my heart is adorning
My sleepless nights . . .
And already my lips burn with the flame
Of his name . . .

I do not yet love him, but already it appears
We have a mutual destiny and must fly
To some enchanting places and atmospheres . . .
And I'm already dreaming, as the mist clears,
Of that sky
Which waits to lull our duet
In celestial quiet.

MARIA KONOPNICKA (1842-1910)

◆

Obok wszystkich słów wielkich i dźwięcznych, jak to:
kochanie, uwielbienie, wdzięczność, wierność,
zawsze umieszczać należy drobne słówka: niby,
trochę, w tej chwili, tymczasem...

ELIZA ORZESZKOWA (1841–1910)

◆

Czasami myślę, że Pan Bóg stworzył Ewę, ażeby
obmierzić Adamowi pobyt w raju.

◆

Stary mąż młodej kobiety podobny jest do
introligatora. Oprawia książkę, którą inny czyta.

BOLESŁAW PRUS (1847–1912)

◆

Miłość źle sobie ludzie wyobrażają z zawiązanymi
oczyma. Przeciwnie: nic, żaden najdrobniejszy
szczegół nie uchodzi jej wzroku; ona wszystko
w istocie ukochanej widzi, wszystko zauważy – tylko
wszystko stapia swym płomieniem w jedno wielkie
i proste: kocham!

◆

Kokietka jest to lichwiarz; przyznaje mało, a żąda
olbrzymich procentów.

HENRYK SIENKIEWICZ (1846–1916)

◆

Next to every great and wonderful sounding word like love, worship, gratitude, loyalty, one should always place small words like "sort of," "a little," "at this moment," "this time" . . .

ELIZA ORZESZKOWA (1841-1910)

◆

Sometimes I think that God created Eve to spoil Adam's paradise.

◆

An old man with a young wife is like a bookbinder. He binds a book another man reads.

BOLESLAW PRUS (1847-1912)

◆

They are wrong who say that love is blind. On the contrary, nothing—not even the smallest detail—escapes the eyes; one sees everything in the loved one, notices everything; but melts it all into one flame with the great and simple: "I love you."

◆

A coquette is like a usurer: she gives very little and demands a high interest.

HENRYK SIENKIEWICZ (1846-1916)

♦

Dusza ludzka jest jak pszczoła, która szuka słodyczy
nawet na gorzkich kwiatach.

♦

Miłość jest tak ogromnym szczęściem, że nawet
najciemniejsza, jeszcze przetkana jest promieniami.

♦

Miłość należy do kosmetyków, albowiem
nieszczęśliwa wybiela, szczęśliwa różuje.

♦

"Jam jest świeca" – rzekł Rozum. Miłość na to:
"Bracie! Jam słońcem – więc gdy zajdę,
dopiero czas na cię."

♦

Śmierć jest bezsilna wobec kochania, które idzie
za grób: może drogą duszę zabrać, ale nie może
zabronić nam jej kochać i nie może jej skazić;
owszem, przebóstwia ją i czyni nie tylko kochaną,
ale i świętą.

♦

Miłość nie jest ślepa: ona zmienia tylko oczy
w pryzmaty i pokazuje świat w barwach tęczowych.

HENRYK SIENKIEWICZ (1846–1916)

◆

The human soul, like the bee, extracts sweetness even from bitter herbs.

◆

Love is such a great happiness that even the darkest is still interspersed with beams of light.

◆

Love is a cosmetic because unhappy love whitens the face while happy love gives it a rosy blush.

◆

"I am a candle," said Reason. Love replied: "Brother! I am the sun—so your time comes only when I set."

◆

Death is powerless against love, for love reaches beyond the grave. Death can take away a dear one, but it cannot prevent us from loving that person, nor can it tarnish that person; on the contrary, it transforms that person into a sacred being.

◆

Love is not blind: it just changes eyes into prisms and shows the world as rainbow-hued.

HENRYK SIENKIEWICZ (1846-1916)

◆

Więcej mądrości nauczy cię jedna żona
niż tysiąc kochanek.

ALEKSANDER ŚWIĘTOCHOWSKI (1849–1938)

◆

Kobieta nie starzeje się dopóty, dopóki jest pożądana.

GABRIELA ZAPOLSKA (1857–1921)

◆

Miłość jest jak eter. Może zabić, ale też ... ulotnić się.

ALFRED ALEKSANDER KONAR (1862–1940)

You will learn more wisdom from one wife than from a thousand mistresses.

ALEKSANDER SWIETOCHOWSKI (1849-1938)

◆

As long as a woman is desired, she does not get old.

GABRIELA ZAPOLSKA (1857-1921)

◆

Love is like ether. It can kill a person—but also vanish.

ALFRED ALEKSANDER KONAR (1862-1940)

Piosenka

Ty się do mnie nie śmiej, dziewczę
     Oczyma modremi,
Bo mi serce z bólu płacze,
     Kiedy rzucisz niemi.

Ty się do mnie nie śmiej, proszę,
     Ustami z kaliny,
Bo mi piersi żal rozrywa,
     Choć nie z twojej winy.

Inna miała takie usta,
     Takie same oczy –
I zraniła biedne serce,
     Że do dziś krwią broczy...

I tę inną, jak zaklętą,
     We śnie i na jawie,
Ciągle widzę, chcę przeklinać,
     I wciąż błogosławię.

MARIAN GAWALEWICZ (1852–1910)

A Song

Do not smile at me, girl,
*   With your eyes of blue,*
For my heart is pained
*   When I see that hue.*

Do not smile at me, please,
*   With your lips of berry,*
For sadness rends my heart,
*   Though of you I'm not wary.*

Another had such lips
*   And such eyes at play,*
And she wounded my heart,
*   So that it bleeds to this day.*

It is she that I always see
*   And cannot ignore.*
It is she that I want to curse,
*   But ever adore.*

MARIAN GAWALEWICZ (1852-1910)

[Lubię, kiedy kobieta...]

Lubię, kiedy kobieta omdlewa w objęciu,
Kiedy w lubieżnym zwisa przez ramię przegięciu,
Gdy jej oczy zachodzą mgłą, twarz cała blednie,
I wargi się wilgotne rozchylą bezwiednie.

Lubię, kiedy ją rozkosz i żądza oniemi,
Gdy wpija się w ramiona palcami drżącemi,
Gdy krótkim, urywanym oddycha oddechem,
I oddaje się cała z mdlejącym uśmiechem.

I lubię ten wstyd, co się kobiecie zabrania
Przyznać, że czuje rozkosz, że moc pożądania
Zwalcza ją, a sycenie żądzy oszalenia,
Gdy szuka ust, a lęka się słów i spojrzenia.

Lubię to – i tę chwilę lubię, gdy koło mnie
Wyczerpana, zmęczona leży nieprzytomna,
A myśl moja już od niej wybiega skrzydlata
W nieskończone przestrzenie nadziemskiego świata.

KAZIMIERZ PRZERWA–TETMAJER (1865–1940)

[I Like It When a Woman . . .]

I like it when a woman swoons in an embrace
When lust's abandonment alters form and face
When she pales and her eyes get covered with mist
And her moist lips part to once again be kissed.

I like it when desire and pleasure give their full vent
And she scratches and digs her fingers in awakening ascent
When her breaths are broken and quick for a while
And she surrenders herself with a faint, dawning smile.

I like that shame which continually does forbid
A woman to admit what her lust has undid
And how desire's force overcomes her, and advances
As she seeks lips, but fears words and glances.

I like all these things—and that special moment
When she lies near me worn out and spent
And my thoughts about her take wing
To that heavenly world love can bring.

KAZIMIERZ PRZERWA-TETMAJER (1865-1940)

[Szukam cię...]

Szukam cię – a gdy cię widzę,
udaję, że cię nie widzę.

Kocham cię – a gdy cię spotkam,
udaję, że cię nie kocham.

Zginę przez ciebie – nim zginę,
krzyknę, że ginę przypadkiem.

KAZIMIERZ PRZERWA–TETMAJER (1865–1940)

◆

Nic tak nie wzrusza mężczyzny jak łzy kobiety, którą
kochać zaczyna, i nic nie drażni go tak, jak łzy
kobiety, którą kochać przestaje.

MARYLA WOLSKA (1873–1930)

◆

Najstraszniejszą rzeczą w życiu kobiety jest nie
zaspokojone pragnienie. Najstraszniejszą rzeczą
w życiu mężczyzny jest zaspokojne pragnienie.

BOLESŁAW SZCZĘSNY HERBACZEWSKI (1875–1943)

[I Look for You . . .]

*I look for you—and when I see you
I pretend that I don't see you.*

*I love you—and when I meet you
I pretend that I don't love you.*

*I will die because of you—and before I die
I will cry out that I'm dying just by chance . . .*

KAZIMIERZ PRZERWA-TETMAJER (1865-1940)

◆

*Nothing moves a man more than the tears of a woman
whom he has begun to love, and nothing irritates him more
than the tears of a woman whom he has stopped loving.*

MARYLA WOLSKA (1873-1930)

◆

*The most terrible thing for a woman is unfulfilled desire.
The most terrible thing for a man is fulfilled desire.*

BOLESLAW SZCZESNY HERBACZEWSKI (1875-1943)

[Chciałabym...]

Chciałabym, z tobą poszedłszy w zaświaty,
Wtulić się w jasność jakiejś białej chaty.
I wszystkie słońcu skradzione uśmiechy
Wpleść w miękkie złoto jej żytnianej strzechy.
I w takiej chacie odciętej od sioła,
Pojąc się ciszą rozlaną dokoła
I patrząc co dzień na wstające zorze,
Czuć w duszy własnej to Królestwo Boże
Wielkiej miłości – i czuć przy swej głowie
Twą głowę piękną jak młodość i zdrowie...
I zapomniawszy, czem wpierw było życie,
W zaczarowanym swej duszy błękicie
Prząść z nieskończonej kądzieli Wieczności
Nić promienistą Wiary i Miłości.

KAZIMIERA ZAWISTOWSKA (1870–1902)

My Wish

Yes, I could wish to live apart with you,
Snug in a certain cottage, white and small,
And steal the sun's best smiles, to weave them all
Into the thatch'd roof's mellow gold anew.
In such a cot, cut off from public view
I'd comprehend the calm of evenfall
Or gaze upon the dawn, and feel the call
Of God's great love my inmost soul subdue.
I'd feel your head drawn very close to me,
With youth and health your comely treasure-trove;
Until, forgetting why our life should be
Set in th' enchanting blue of heaven above,
From the grey distaff of eternity
I'd spin the shining threads of Faith and Love.

KAZIMIERA ZAWISTOWSKA (1870-1902)

Po ciemku

Wiedzą ciała, do kogo należą,
Gdy po ciemku obok siebie leżą!
Warga – wardze, a dłoń dłoni sprzyja –
Noc nad nimi niechętnie przemija.
Świat się trwali, ale tak niepewnie!...
Drzewa szumią, ale pozadrzewnie!...
A nad borem, nad dalekim borem
Bóg porusza wichrem i przestworem.
I powiada wicher do przestworu:
"Już nie wrócę tej nocy do boru!" –
Bór się mroczy, a gwiazdy weń świecą,
A nad morzem białe mewy lecą.
Jedna mówi: "Widziałam gwiazd losy!"
Druga mówi: "Widziałam niebiosy!"
A ta trzecia milczy, bo widziała
Dwa po ciemku pałające ciała...
Mrok, co wsnuł się w ich ściśliwe sploty,
Nic nie znalazł w ciałach, prócz pieszczoty!

BOLESŁAW LEŚMIAN (1878–1937)

In the Darkness

Bodies know in whom they reside
When in darkness they lie side by side.
Lips and hands most intimate—
Night passes over them with regret.
The world stays, but in such hesitancy;
The trees rustle, but beyond their density.
And over the forest in a farther place
God moves both wind and space.
And the wind says, as the guest:
"I won't return tonight to this forest!"—
The forest darkens, while the stars beatify,
While over the sea, white gulls fly.
One says: "I saw the writing on the star!"
And the other: "I saw the heavens way afar!"—
But the third one is silent, for it saw
Two bodies in the darkness glowing in amorous awe.
The darkness, which touched the closeness there,
Found nothing but caresses sweet and bare!

BOLESLAW LESMIAN (1878-1937)

Zmiana

W białym sadzie, wśród jabłonek,
Złoty dałem ci pierścionek.
Wśród pasieki, tuż przy sadzie,
Słowo dałaś mi w zakładzie.
Za pasieką, gdzie opłotki,
Pocałunek dałaś słodki.

Zwiędły sady, słońce chłodnie –
Mój pierścionek wpadł ci w studnię.
Bartnik plastry pszczołom kradnie –
Słowo twe ktoś ukradł zdradnie.
Wiatr opłotki stare wali,
Pocałunku pamięć pali...

LEOPOLD STAFF (1878–1957)

Changes

In a white orchard, where apple trees enfold,
I gave you a ring of most precious gold.
Amongst beehives, by the orchard near,
You gave your word which I held so dear.
Farther on, where the wide fence is,
You gave me an innocent sweet kiss.

The orchard has withered, the sun's left the dell;
The ring that I gave you fell into a well.
The bear steals the honey hoarded by the bee;
Someone else took your word, and you betrayed me.
The wind is destroying the old fence I miss;
A memory fires and burns a warm, early kiss.

LEOPOLD STAFF (1878-1957)

Kochać i tracić...

Kochać i tracić, pragnąć i żałować,
Padać boleśnie i znów się podnosić,
Krzyczeć tęsknocie "precz!" i błagać "prowadź!"
Oto jest życie: nic, a jakże dosyć...

Zbiegać za jednym klejnotem pustynie,
Iść w toń za perłą o cudu urodzie,
Ażeby po nas zostały jedynie
Ślady na piasku i kręgi na wodzie.

LEOPOLD STAFF (1878–1957)

Najlepiej

Kochając nie pamiętać
– dola przeklęta.
Pamiętając nie kochać
– lżej trochę.
A najlepiej, oparłszy policzek na chmurze,
nie pamiętać zupełnie i nie kochać dłużej.

KAZIMIERA IŁŁAKOWICZÓWNA (1892–1983)

To Love and Lose

To love and lose, to thirst and pity too,
To fall in anguish and rise up again,
To cry "Away!" yet longingly to woo—
Lo, this is life: mere vanity and pain.

Men traverse parching deserts for one gem;
For one great pearl, the ocean they explore;
Then die, and all that lingers after them
Is footprints on the sand and deep-sea floor.

LEOPOLD STAFF (1878-1957)

The Best Thing

To love but forget
—a cursed fate.
To remember but not love
—is a little better.
But it's best, as one rests on a cloud,
To forget everything and not love anymore.

KAZIMIERA ILLAKOWICZOWNA (1892-1983)

Ostatnia próba

Tylko jeszcze świerszcza posłucham
wiosennego pod oknem w murze,
tylko jeszcze z bzu kwitnącego
sobie szczęście, szczęście wywróżę.

Tylko jeszcze pokończę stare –
od nowego by wszcząć rachunku,
tylko jeszcze chwilę zaczekam
twych, wybranych, ust pocałunku!

Tylko jeszcze oczy wypatrzę,
tylko jeszcze wytężę uszy,
czy mi gwar, gwizd i łomot uliczny
twoich kroków, twoich kroków nie zgłuszy...

Tylko jeszcze raz jeden przy tobie
rumieńcami gorąco spłonę,
żeby sprawdzić, czy u ciebie – ratunek,
czy na wieki wszystko stracone?

KAZIMIERA IŁŁAKOWICZÓWNA (1892–1983)

The Last Attempt

Just once more will I listen by my window
to the chirping cricket of spring;
just once more from the blooming lilac
will I foretell what joy life will bring.

Just once more will I finish with the old—
and then begin a new count without remiss;
just one more moment will I wait
for your chosen lips and their telling kiss!

Just once more will I strain my sight;
just once more will I strain my hearing,
to see if the rumble and racket of the street
will deaden the sound of your steps nearing.

Just one more time will I beside you
have my cheeks burn with blush's cost,
to check if there is in you—help
or if everything is forever lost.

KAZIMIERA ILLAKOWICZOWNA (1892-1983)

Powrót

Wracam do domu wieczorem
wśród kamienic ustawionych –
na zamarzłym, nieczułym bruku
cienie drzew obnażonych się trzęsą.

Idę – nie myślę o tobie,
ciągle myśleć o tobie nie sposób –
tyle innych jest rzeczy na świecie,
tyle innych rzeczy i osób...

Patrzę jak księżyc wędruje
po wolnem, niezabudowanym niebie –
lecz cień mój się wysuwa przede mną,
i spieszy się, spieszy – do ciebie.

MARIA MORSTIN-GÓRSKA (1893–1972)

Coming Home

I am coming home in the evening
among tenements positioned at odd angles—
shadows of bare trees tremble
on a cold, heartless pavement.

I walk and walk—I am not thinking of you;
to constantly think of you is not possible—
there are so many other things in the world
so many other things, so many other people . . .

I look up and see the moon journeying
across a clear, peaceful sky—
but my shadow is moving ahead of me,
as it hurries, hurries—to you.

MARIA MORSTIN-GORSKA (1893-1972)

Ślepota

Dziś po latach razem spędzonych
w szczęściu, miłości i gniewie,
nie widzę cię już zgoła
nawet kiedy patrzę na ciebie.
Jaka jest barwa twych oczu
i jaki rysunek czoła?
Nie zastanawiam się, nie wiem –
widzę myśli, które się pod niem tłoczą...

Bo dusza ma dotknęła się twego istnienia
w głębiach, kędy panuje noc i mrok milczenia
i tam dziś czuję ciebie, nie przez złud kolory,
jeno tak, jak tęskniąca, mądra ręka ślepych
czuje okrągłą piękność kamiennej amfory,
śliski połysk jedwabiu, smutną szorstkość krepy
i płatków róży ciężki, aksamitny przepych...

MARIA MORSTIN-GÓRSKA (1893–1972)

Blindness

Today, after many years spent together
in happiness, love and anger,
I do not see you at all
even when I look at you.
What is the color of your eyes
and the outline of your brow?
I do not think about it, I do not know—
I only see the thoughts which swarm within you. . .

For my soul has touched your existence
deeply, where night and dark silence rule;
and it's there that I sense you today, not through the
    delusion of colors,
but like the craving, knowing hand of a blind person
which feels the round beauty of an amphora,
the slippery sheen of silk, the sad roughness of crepe,
and the richness of the petals of a rose. . .

MARIA MORSTIN-GORSKA (1893-1972)

Wieś gdy ciebie nie ma

Słońce pali a oczom nie świeci,
niebo modre a wzrok w niem nie tonie,
kwitną a nie pachną lewkonie –
ptaki świergocą nudno, jak cudze natrętne dzieci!

Dni płyną jak łodzie bez sterów,
Bóg odszedł i patrzy z dala,
świat przygasł, zszarzał i zmalał,
stał się jakby kwiat z papieru.

MARIA MORSTIN-GÓRSKA (1893–1972)

The Country When You Are Not There

The sun burns but doesn't light the way,
the sky is deep-blue but the eyes aren't lost in it,
the gilly-flowers are blooming but do not give off
    perfume—
the birds twitter dully, like someone's troublesome
    children!

The days flow by like boats without oars,
God has gone away and looks from afar,
the world has darkened, shrunk and turned grey—
it has become like a flower made of paper.

MARIA MORSTIN-GORSKA (1893-1972)

Miłość

Nie widziałam cię już od miesiąca.
I nic. Jestem może bledsza,
Trochę śpiąca, trochę bardziej milcząca,
Lecz widać można żyć bez powietrza!

Fotografia

Gdy się miało szczęście, które się nie trafia:
czyjeś ciało i ziemię całą,
a zostanie tylko fotografia,
to – to jest bardzo mało...

Miłość

Wciąż rozmyślasz. Uparcie i skrycie.
Patrzysz w okno i smutek masz w oku...
Przecież mnie kochasz nad życie?
Sam mówiłeś przeszłego roku...

Śmiejesz się, lecz coś tkwi poza tym.
Patrzysz w niebo, na rzeźby obłoków...
Przecież ja jestem niebem i światem?
Sam mówiłeś przeszłego roku...

MARIA PAWLIKOWSKA-JASNORZEWSKA (1891–1945)

Love

I haven't seen you in a month.
Nothing's happened. Perhaps I'm paler,
A little sleepy and not too attentive—
So, one doesn't need air in order to live!

A Photograph

When you had a love that's long gone
Someone you held near and dear to your soul
And all that remains is a photograph
That—that is not much at all.

Love

You are continually plunged in secret thought.
You look through the window with sad eyes . . .
But do you not love me above all life?
You said so a year ago . . .

You laugh, but there's something going on.
You look at the world outside . . .
But am I not the world to you?
You said so a year ago . . .

MARIA PAWLIKOWSKA-JASNORZEWSKA (1895-1945)

Jedyna światłość

Czemu ja ciągle drżę o ciebie,
Czemu ja ciągle się boję –
Czemu po całej ziemi, po niebie
Szukam cię, szczęście moje!

Przebiegam długą twoją drogę,
Którą mi w oczach wiatr rozmiata,
Szukam i zgłębić cię nie mogę:
Z którego jesteś świata.

Kiedyż ogarnę cię, pochwycę,
Na wieki przy sobie zatrzymam –
Zgaś wszystkie gwiazdy i księżyce,
Świeć mi swoimi oczyma.

Niech nic nie widzę prócz ciebie,
Niech nie wiem nic, co robię –
Na całej ziemi i na niebie
Jest tylko jedna światłość: w tobie.

KAZIMIERZ WIERZYŃSKI (1894–1969)

One Light

Why do I always worry about you
Why do I always fear—
Why do I look for you
In the world and aerosphere?

I run along your lengthy path
Which the wind scatters before my eyes;
I look and cannot figure out
From what world you did arise.

When I reach you, I will seize you,
Forever will I hold you near—
Extinguish all the stars and moons
Shine with just your eyes, my dear.

Let me see nothing else,
Let me not know what I do;
In the whole world and in the sky
There is only one light: in you.

KAZIMIERZ WIERZYNSKI (1894-1969)

Tak i nie

Już mi jest wszystko jedno,
Czy powiesz "nie" czy "tak",
Jeno mi Ciebie bardzo brak,
Jeno mi Ciebie strasznie brak!
...Żal gnębi duszę mą biedną.

Ach przyznam Ci się – muszę! –
Że wolę "nie" niż "tak"!...
Ale mi Ciebie bardzo brak,
Ale mi Ciebie strasznie brak!
...Żal gnębi biedną mą duszę.

A w serce coraz głębiej
Wpija się rdzawy hak –
I tak mi Ciebie bardzo brak,
I tak mi Ciebie strasznie brak!
...Żal biedną mą duszę gnębi.

JULIAN TUWIM (1894–1953)

Yes or No

It doesn't matter to me
Whether you say "yes" or "no"
I just miss you so
I just miss you so very much!
. . . Grief torments my poor soul.

Oh, I'll admit to you—I must
That I'd prefer a "no" to a "yes"
But I just miss you so
But I just miss you so very much!
. . . My poor soul is tormented by grief.

And in my heart ever deeper
Does the rusty hook take hold—
And I miss you so
And I miss you so very much!
. . . Tormented by grief is my poor soul.

JULIAN TUWIM (1894-1953)

Wspomnienie

Mimozami jesień się zaczyna,
Złotawa, krucha i miła.
To ty, to ty jesteś ta dziewczyna,
Która do mnie na ulicę wychodziła.

Od twoich listów pachniało w sieni,
Gdym wracał zdyszany ze szkoły,
A po ulicach w lekkiej jesieni
Fruwały za mną jasne anioły.

Mimozami zwiędłość przypomina
Nieśmiertelnik żółty – październik.
To ty, to ty, moja jedyna,
Przychodziłaś wieczorem do cukierni.

Z przemodlenia, z przemodlenia senny,
W parku płakałem szeptanymi słowy.
Młodzik z chmurek prześwitywał jesienny,
Od mimozy złotej – majowy.

Ach, czułymi, przemiłymi snami
Zasypiałem z nim gasnącym o poranku,
W snach dawnymi bawiąc się wiosnami
Jak tą złotą, jak tą wonną wiązanką...

JULIAN TUWIM (1894–1953)

A Remembrance

From mimosas the autumn starts,
Golden, brittle and pleasant.
You, yes, you are the girl,
Who came out to the street to play.

Your letters' perfume filled the hallway,
When breathless I returned from school.
And down the streets in gentle autumn
Bright angels flew with me along the way.

The withering of mimosas remind me
Of the everlasting gold of October.
You, yes, you are the girl,
Who came to the cafe in the evenings to stay.

Saying so many prayers that I grew sleepy,
In the park I cried whispering words.
Between the clouds shown the new, autumnal moon
Of golden mimosa—a joyful yesterday.

Oh, with tender, sweet dreams
I'd fall asleep when the moon left at dawn;
In dreams playing with springtimes of yore
Like that golden, like that fragrant bouquet . . .

JULIAN TUWIM (1894-1953)

♦

Zazdrość to cień miłości. Im większa miłość,
tym dłuższy cień.

♦

Mężczyzna, rozmawiając z piękną kobietą, zwykle
nie słyszy, co ona mówi, ale patrzy, czym mówi.

♦

Miłość to krótki okres, w którym jakiś bliźni odmiennej
płci jest o nas tego samego mniemania co my.

MAGDALENA SAMOZWANIEC (1899–1972)

♦

Kobietę piękną możesz całować bez końca i nigdy
nie trafisz po raz drugi w to samo miejsce.

JANUSZ MAKARCZYK (1901–1960)

◆

Jealousy is the shadow of love. The greater the love, the longer the shadow.

◆

When a man has a conversation with a beautiful woman, he sees her lips but often does not hear what she says.

◆

Love is when someone of the opposite sex shares the good opinion we have of ourselves.

MAGDALENA SAMOZWANIEC (1899-1972)

◆

A beautiful woman can be kissed forever, yet never in the same place.

JANUSZ MAKARCZYK (1901-1960)

***

Pytasz, co w moim życiu z wszystkich rzeczą główną,
Powiem ci: śmierć i miłość – obydwie zarówno.
Jednej oczu się czarnych, drugiej – modrych boję.
Te dwie są me miłości i dwie śmierci moje.

Przez niebo rozgwieżdżone, wpośród nocy czarnej,
To one pędzą wicher międzyplanetarny,
Ten wicher, co dął w ziemię, a ludzkość wydała,
Na wieczny smutek duszy, wieczną rozkosz ciała.

Na żarnach dni się miele, dno życia się wierci,
By prawdy się najgłębiej dokopać istnienia –
I jedno wiemy tylko. I nic się nie zmienia.
Śmierć chroni od miłości, a miłość od śmierci.

JAN LECHOŃ (1899–1956)

Love and Death

You seek to know my life's essential theme?—
I answer: Love and Death are both supreme.
Love's eyes are blue, but Death's deep eyes are dark;
These are the twain that fire me with their spark.

Through skies unstarr'd, across the black night cast,
They ride the interplanetary blast—
That whirlwind whose great tides our lives enmesh
In endless grief of soul and joy of flesh.

Our days are ground in querns and sifted deep;
We dig in life for truth with mine-shafts steep,
And find one changeless moral for our breath:
Death saves us from Love, and Love from Death.

JAN LECHON (1899-1956)

Modlitwa do Anioła-Stróża

Aniele Boży, Stróżu mój,
do żony mojej steruj
na swojej łódce z niebieskiego papieru
i powiedz jej, że kocham ją,
Aniele–Stróżu mój.

Muśnięciem piór w kolędę zmień
troski jej wszystkie ziemskie,
a rozsyp przed nią twoje srebro betlejemskie,
miękkie jak zieleń serce jej
raduj spokojnym snem.

Aniele Boży, uczyń mnie
chociażby niskim progiem,
ale szkarłatnym pod jej stopy drogie,
i w próg tchnij śpiew na chwałę stóp,
Aniele–Stróżu mój.

KONSTANTY ILDEFONS GAŁCZYŃSKI (1905–1953)

A Prayer to My Guardian Angel

Angel of God, Guardian of mine,
steer your way to my wife
on your boat of heavenly paper
and tell her, I love her,
Guardian Angel of mine.

With a wave of your feathers change into a carol
all her earthly cares
and scatter before her your Bethlehem silver;
and her heart, soft like greenery,
gladden with calm sleep.

Angel of God, make me
into a low threshold at the very least,
but one of scarlet under her dear feet,
and make it sing in praise of her steps as she passes,
Guardian Angel of mine.

KONSTANTY ILDEFONS GALCZYNSKI (1905-1953)

Pokochałem ciebie

Pokochałem ciebie w noc błękitną,
w noc grającą, w noc bezkresną.
Jak od lamp, od serc było widno,
gdyś westchnęła, kiedym westchnął.

Pokochałem Ciebie i boso,
i w koronie, i o świcie, i nocą.

Jeśli tedy kiedyś mi powiesz:
Po coś, miły, tak bardzo pokochał?
Powiem: Spytaj się wiatru w dąbrowie,
czemu nagle upadnie z wysoka
i obleci całą dąbrowę,
szuka, szuka: gdzie jagody głogowe?

KONSTANTY ILDEFONS GAŁCZYŃSKI (1905–1953)

I Fell in Love with You

I fell in love with you on an azure night,
on a playful night, on an endless night.
One could see by our hearts, like by lamplights,
when you sighed out, and when I did too.

I fell in love with you when you were barefoot,
wearing a crown, in the dawn, in the night.

If you ever ask me:
Why, dear, did you fall in love with me so?
I will reply: Ask the wind in the oaks,
why it suddenly falls from on high,
and rushes about all the groves,
seeking, seeking: Where are the hawthorn berries?

KONSTANTY ILDEFONS GALCZYNSKI (1905-1953)

Pyłem księżycowym

Pyłem księżycowym być na twoich stopach,
wiatrem przy twej wstążce, mlekiem w twoim kubku,
papierosem w ustach, ścieżką pośród chabrów,
ławką, gdzie spoczywasz, książką, którą czytasz.

Przeszyć cię jak nitką, otoczyć jak przestwór,
być porami roku dla twych drogich oczu
i ogniem w kominku, i dachem, co chroni
przed deszczem.

[Gdybyś mnie kiedyś...]

Gdybyś mnie kiedyś miała przestać kochać,
nie mów mi tego. Bóg tego także nie czyni,
gdy ma zesłać zarazę i głód. On ciągle się śmieje
                                    z wysoka,
choć dobrze wie, że oazy przemienia w pustynię.

KONSTANTY ILDEFONS GAŁCZYŃSKI (1905–1953)

Moon Dust

To be the moon dust at your feet,
the wind through your ribbon, the milk in your cup,
the cigarette in your lips, the path among the cornflowers
you walk through, the bench on which you rest, the book
  you read.

To be sewn into you like thread, to surround you like space,
to be the seasons for your dear eyes to see,
and the fire in your chimney, and the roof which protects you
from the rain.

[If You Ever Stop Loving Me...]

If you ever stop loving me,
do not tell me. God does this also.
When he sends pestilence and hunger. He laughs
  continually from above,
though he knows full well that he changes an oasis into a
  desert.

KONSTANTY ILDEFONS GALCZYNSKI (1905-1953)

Rozmowa liryczna

– Powiedz mi, jak mnie kochasz.
– Powiem.
– Więc?
– Kocham cię w słońcu. I przy blasku świec.
Kocham cię w kapeluszu i w berecie.
W wielkim wietrze na szosie, i na koncercie.
W bzach i w brzozach, i w malinach, i w klonach.
I gdy śpisz. I gdy pracujesz skupiona.
I gdy jajko roztłukujesz ładnie –
nawet wtedy, gdy ci łyżka spadnie.
W taksówce. I w samochodzie. Bez wyjątku.
I na końcu ulicy. I na początku.
I gdy włosy grzebieniem rozdzielisz.
W niebezpieczeństwie. I na karuzeli.
W morzu. W górach. W kaloszach. I boso.
Dzisiaj. Wczoraj. I jutro. Dniem i nocą.
I wiosną, kiedy jaskółka przylata.
– A latem jak mnie kochasz?
– Jak treść lata.
A jesienią, gdy chmurki i humorki?
– Nawet wtedy, gdy gubisz parasolki.
– A gdy zima posrebrzy ramy okien?
– Zimą kocham cię jak wesoły ogień.
Blisko przy twoim sercu. Koło niego.
A za oknem śnieg. Wrony na śniegu.

KONSTANTY ILDEFONS GAŁCZYŃSKI (1905–1953)

A Lyrical Conversation

"Tell me, how do you love me?"

"Very well."

"Go on."

"I love you in the sun. And by candlelight.

I love you in a hat and in a beret.

In a strong wind on the highway, and at a musical play.

Amongst the lilacs and birch trees, and raspberries and maple trees

And when you sleep. And when you work hard.

And when you beat an egg with impressive command—

even when the spoon falls from your hand.

In a taxi. In a car. Without exception.

At the end of a street. At its intersection.

And when you part your hair with a comb.

In danger. And on a merry-go-round.

At sea. In the mountains. In galoshes. In bare feet.

Today. Yesterday. And tomorrow. Day and night.

And in the spring, when the sky is full of swallows' flight."

"And how do you love me in the summer?"

"Like the essence of summer."

"And when there are clouds and changeable moods in the fall?

"Even when you lose your parasol."

"And when the winter silvers the window-frames?"

"I love you in the winter like a joyful flame.

Near your heart. Right by its side.

With snow outside the window. And crows on the snow."

KONSTANTY ILDEFONS GALCZYNSKI (1905-1953)

Powiedz mi, z kim sypiasz, a powiem ci, o kim śnisz.

◆

Czy wyobrażacie sobie kobietę, która dałaby swojemu oblubieńcowi opowiadać przez 1001 noc bajeczki?

◆

Koniom i zakochanym inaczej pachnie siano.

◆

"Jak należy się zachowywać" – pytał mnie mój znajomy – "gdy znajdzie się u siebie w domu przyjaciela żony w łóżku z obcą kobietą?"

◆

Przywarli do siebie tak blisko, że nie było już miejsca na żadne uczucia.

STANISŁAW JERZY LEC (1909–1966)

◆

Tell me whom you sleep with and I shall tell you whom you dream of.

◆

Can you imagine the woman who would let her lover tell her tales for 1001 nights?

◆

Hay smells different to lovers and horses.

◆

"What do you do," asked a friend, "when you find, in your own bed, your wife's lover with another woman?"

◆

Their bodies were so close together that there was no room for real affection.

Stanislaw Jerzy Lec (1909-1966)

po co umyłam piersi
i każdy włos z osobna
czesałam w wąskim lustrze
puste są moje ręce
i łóżko

cienki scyzoryk nocy
rozciął obrączkę
półksiężycem zawisła
pod brzemienną w pąki jabłonią

szamocę się szarpię
krochmaloną koszulę
wydyma wielki wiatr

mój brzuch jest gładkim stawem
piersi – rozpieniona woda
ugłaskać je – ugłaskać – ugłaskać

światło dnia pijane z niemocy
znajdzie moje zaschłe usta
i niechętnie i obco
mglisto je ucałuje – odejdzie

HALINA POŚWIATOWSKA (1935–1967)

***

why have i washed my breasts
and why have i combed every hair so
carefully in the narrow mirror
empty are my hands
and my bed

a thin penknife of night
cuts the ring
a half-moon hangs
under the heavy buds of the apple tree

i toss and turn
a wild wind swells
the starched shirt

my belly is a smooth pond
my breasts—foaming water
they should be stroked—stroked—stroked

the light of day, drunk with weakness,
will find my dry lips
and reluctantly and strangely
will kiss them with mist—and leave

HALINA POSWIATOWSKA (1935-1967)

***

na zakurzonej drodze szukam twoich ust.
schylam się i zaglądam pod każdy omszały kamień.
w wilgotnym cieniu zwinięte krągło śpią ślimaki.
budzę je i pytam gdzie on jest? przeciągają zaspane
rogi wychylają się z łupin mrużą oczy od słońca.
i nikną nie mówiąc nic. pytam kamienia gładzę
chropawą powierzchnię ciepłą spragnioną ręką.

                                              milczy.

pytam słońca. pochylam głowę na zachód i idę
za słońcem na zachód żeby znaleźć ciebie.

HALINA POŚWIATOWSKA (1935–1967)

***

on the dusty road i seek your lips.
i bend down and look under every mossy rock.
in the damp shade snails sleep curled round in a circle.
i awaken them and ask—where is he? they stretch out
    their sleepy
feelers their eyes peer out and squint from the sun
and they withdraw without saying a word. i ask the rock i
    stroke its
rough surface with my warm, craving hand. it is silent.
i ask the sun. it leans its head westward westward and i follow
the sun westward to find you.

HALINA POSWIATOWSKA (1935-1967)